마음공부를 위한 고전 명문장
필/사/노/트

오 吾
우 友 나는 나를
    벗삼는다
아 我

박수밀 글

메가스터디BOOKS

나를 벗 삼다

雪之晨 雨之夕 설지신 우지석

佳朋不來 誰與晤言? 가붕불래 수여오언

試以我口讀之 시이아구독지

而聽之者我耳也 이청지자아이야

我腕書之 아완서지

而玩之者我眼也 이완지자아안야

以吾友我 復何怨乎? 이오우아 부하원호

이덕무(李德懋),『선귤당농소(蟬橘堂濃笑)』

눈 오는 새벽, 비 내리는 저녁에
좋은 벗이 오질 않으니 누구와 얘기를 나눌까?
시험 삼아 내 입으로 글을 읽으니
듣는 것은 나의 귀였다.
내 팔로 글씨를 쓰니,
감상하는 것은 내 눈이었다.
내가 나를 벗으로 삼았거늘, 다시 무슨 원망이 있으랴!

행복의 비결, 자족

意到則出步山樊而已 의도즉출보산번이이
賓至則命酒焉諷詩焉而已 빈지즉명주언풍시언이이
興劇則歗也歌也而已 흥극즉소야가야이이
飢則飯吾飯而已 기즉반오반이이
渴則飮吾井而已 갈즉음오정이이

장혼(張混), 「평생의 소망(平生志)」

잡생각이 나면 밖으로 나가 산길을 걸으면 그뿐이고
손님이 오면 술을 내와 시를 읊으면 그뿐이다.
흥이 오르면 휘파람을 불며 노래를 부르면 그뿐이다.
배가 고프면 내 밥을 먹으면 그뿐이고
목이 마르면 내 우물의 물을 마시면 그뿐이다.

혼자 있는 데에서 삼가라

莫見乎隱 _{막견호은}

莫顯乎微 _{막현호미}

故君子愼其獨也 _{고군자신기독야}

자사(子思), 『중용(中庸)』

감춘 것보다 잘 보이는 것이 없고,
미세한 것보다 잘 드러나는 것이 없다.
그러므로 군자는 홀로 있는 데에서 삼간다.

마음에 꼭 드는 날에

一歲一月 適者幾何? 일세일월 적자기하
況復一日 得之斯難 황부일일 득지사난
羨彼至人 無災無憂 선피지인 무재무우
雲遊天外 운유천외
以適終年 이적종년

이덕무(李德懋), 「만제정도(謾題庭桃)」

일 년 아니 한 달에 마음에 딱 맞는 날이 얼마나 될까?
비록 하루라도 마음에 딱 맞기는 참 어렵다.
부럽구나! 세상에 달관한 지인至人은 재앙도 근심도 없이
하늘 밖에서 구름처럼 노닐며 마음에 딱 맞게 살아가다가
일생을 마치겠지.

마음으로 보아라

吾乃今知夫道矣 오내금지부도의
冥心者 耳目不爲之累 명심자 이목불위지루
信耳目者 視聽彌審 신이목자 시청미심
而彌爲之病焉 이미위지병언

박지원(朴趾源),「일야구도하기(一夜九渡河記)」

나는 이제야 도를 알았다.
마음을 차분하게 다스리는 사람은 귀와 눈이 해로움이 되지 않고,
귀와 눈만을 믿는 자는 보고 듣는 것이
자세하면 할수록 병통이 되는 것이다.

처음을 삼가야

見重於始 則尋常之擧 _{견중어시 즉심상지거}
人亦重之 _{인역중지}
見侮於始 則會了之事 _{견모어시 즉회료지사}
人亦侮之 _{인역모지}
人其可不愼於始哉 _{인기가불신어시재}

홍길주(洪吉周), 『수여난필(睡餘瀾筆)』

처음에 무겁게 보이면 평상시 행동도
사람들은 무겁게 보고
처음에 모욕을 당하면 넘어갈 일도
사람들은 모욕한다.
사람이 그 처음을 삼가지 않을 수 없다.

스스로 만든 것은 피할 수 없다

天作孼猶可違 천작얼유가위
自作孼不可活 자작얼불가활

『서경(書經)』, 「태갑(太甲)」

하늘이 일으킨 재앙은 피할 수 있지만,
스스로 만든 재앙은 피할 수 없다.

어느 것이든 생명 있는 존재가 아니랴

覽天際之寥廓 _{람천제지요곽}
思萬物之端倪 _{사만물지단예}
心忽忽而不竟 _{심홀홀이불경}
終半途而自迷 _{종반도이자미}
始知至大之不可以語悉 _{시지지대지불가이어실}
而至多之不可以理詰 _{이지다지불가이리힐}

박제가(朴齊家), 「바다 고기잡이(海獵賦)」

하늘 끝 아득한 곳을 바라보고
만물의 처음과 끝을 생각하는데,
마음속 아득함이 끝이 없더니
얼마 못 가 생각의 방향을 잃어버리고 말았다.
비로소 지극히 큰 것은 다 말할 수 없고,
지극히 많은 것은 이치로 따질 수 없음을 알게 되었다.

마지막을 처음처럼

譬如爲山 _{비여위산}
未成一簣止 _{미성일궤지}
吾止也 _{오지야}
譬如平地 _{비여평지}
雖覆一簣 _{수복일궤}
進吾往也 _{진오왕야}

『논어(論語)』, 「자한(子罕)」

학문은 비유하자면 산을 쌓는 것과 같으니
마지막 한 삼태기를 붓지 않아 중지하는 것도
내가 중지하는 것이다.
비유하자면 땅을 고르는 것과 같으니
한 삼태기를 부어서
나아가는 것도 내가 나아가는 것이다.

쉬어야 하는 이유

人病不休耳 인병불휴이
世以不休爲樂 何哉? 세이불휴위락 하재
夫人壽無幾 부인수무기
得百年之齊者 萬無一二焉 득백년지제자 만무일이언
況以非百之年 황이비백지년
應無窮之憂患者哉? 응무궁지우환자재

강희맹(姜希孟), 「만휴정기(萬休亭記)」

사람의 병은 쉬지 못해서인데,
세상은 쉬지 않는 것을 즐거움으로 여긴다. 왜일까?
사람의 수명은 길지가 않아서
백 년의 수명을 누리는 자는 만 명에 하나둘뿐이다.
하물며 백 년을 살지 못하면서
끝없는 근심과 걱정을 감당해서야 되겠는가?

하나에 집중하라

操之如何? 조지여하
敬而毋失 경이무실
曷致其工? 갈치기공
主一無適 주일무적

이현일(李玄逸), 「조심잠(操心箴)」

마음을 잡아두려면 어찌해야 하나?
마음을 집중하여 잃지 말아야 한다.
어찌하면 지극함에 이를 수 있나?
하나에 집중하여 흩어짐이 없게 해야 한다.

멈춤을 알면 오래간다

失意而止 衆人能之 실의이지 중인능지
得意而止 唯君子能焉 득의이지 유군자능언
予其得意而止歟? 여기득의이지여
抑亦失意而後止歟? 억역실의이후지여

홍길주(洪吉周), 「지지당설(止止堂說)」

뜻을 잃고 멈추는 것은 누구나 할 수 있지만
뜻을 얻고 멈추는 것은 군자만이 할 수 있다.
그대는 뜻을 얻고 멈췄는가?
아니면 뜻을 잃은 후에 멈췄는가?

생의 마지막에 전하는 말

其自至者 기자지자
亦擇其可而受之 역택기가이수지
其不至者 기부지자
則無求之之理也 즉무구지지리야
此是終身立脚地位 차시종신립각지위
不可分寸移易 불가분촌이역

한충(韓忠), 「계자서(戒子書)」

저절로 이르는 것이라도
옳은 것을 가려서 받고,
이르지 않는 것은
이를 구할 까닭이 없다.
이것이 바로 죽을 때까지 발을 붙이고 서 있을 자리다.
조금이라도 옮기거나 바꿔서는 안 된다.

내일은 없다

勿謂今日不學而有來日 물위금일불학이유내일
勿謂今年不學而有來年 물위금년불학이유내년
日月逝矣 歲不我延 일월서의 세불아연
嗚呼老矣 是誰之愆? 오호노의 시수지건
少年易老學難成 소년이로학난성
一寸光陰不可輕 일촌광음불가경

주희(朱熹), 「권학문(勸學文)」

오늘 배우지 않고서 내일이 있다고 말하지 말며
올해 배우지 않고서 내년이 있다고 말하지 말라.
해와 달은 지나가고 세월은 나를 위해 천천히 가지 않는다.
아, 늙었구나, 이 누구의 허물인가?
소년은 늙기 쉽고 학문은 이루기 어려우니,
잠시라도 시간을 가볍게 여기지 말라.

나는 나를 믿는다

夫人必自侮然後侮之 부인필자모연후모지
家必自毀而後人毀之 가필자훼이후인훼지
國必自伐而後人伐之 국필자벌이후인벌지

『맹자(孟子)』, 「이루(離婁)」

사람은 반드시 스스로 업신여긴 다음에 남이 업신여기고,
집은 반드시 스스로 허문 다음에 남이 허물며,
국가는 반드시 스스로 친 다음에 남이 친다.

마지막 말

鳥之將死 其鳴也哀 조지장사 기명야애
人之將死 其言也善 인지장사 기언야선

『논어(論語)』, 「태백(泰伯)」

새는 죽을 때 그 울음이 슬프고
사람은 죽을 때 그 말이 착하다.

잃어버린 나를 찾아서

千聖過影 我求還我 천성과영 아구환아
赤子大人 其心一也 적자대인 기심일야
還無新奇 別念易馳 환무신기 별념역치
若復離次 永無還期 약부리차 영무환기
焚香稽首 盟神誓天 분향계수 맹신서천
庶幾終身 與我周旋 서기종신 여아주선

이용휴(李用休), 「나로 돌아가자(還我箴)」

수많은 성인은 지나는 그림자, 나는 나로 돌아가길 원할 뿐.
갓난아이나 어른은 그 마음 본래 하나라네.
돌아와도 신기한 것 없지만 딴생각 내달리지 않으리.
다시 떠난다면 영원히 돌아올 기약 없다네.
분향하고 머리 숙여 천지신명께 맹세하노니
이 한 몸 마치도록 나는 나와 함께 살아가리.

모든 존재는 각자 쓰임새와 역할이 있다

蟾蜋自愛滾丸 _{당랑자애곤환}

不羨驪龍之如意珠 _{불선여룡지여의주}

驪龍亦不以如意珠 _{여룡역불이여의주}

自矜驕而笑彼蜋丸 _{자긍교이소피낭환}

이덕무(李德懋), 『선귤당농소(蟬橘堂濃笑)』

소똥구리는 소똥 경단을 스스로 아끼기에
용의 여의주를 부러워하지 않는다.
용도 여의주를 가졌다고 해서
스스로 뽐내고 잘난 체하며
저 소똥 경단을 비웃지 않는다.

아름다움은 오래 머무르지 않는다

美固不可以長處 미고불가이장처
譽固不可以久與 예고불가이구여
早衰而變 固其理也 조쇠이변 고기리야
子何竊竊然疑之 자하절절연의지
又何戚戚然悲之也? 우하척척연비지야

이옥(李鈺), 「거울에게 묻다(鏡問)」

아름다움은 진실로 오래 머무를 수 없고
명예는 진실로 영원토록 함께 못한다.
빨리 쇠하여 변하는 것은 진실로 이치이다.
그대는 어찌 절절히 그것을 의심하며
또 어찌 우울히 그것을 슬퍼하는가.

좌우명

與其視人寧自視 여기시인녕자시
與其聽人寧自聽 여기청인녕자청

위백규(魏伯珪), 「좌우명(座右銘)」

남을 보느니 나 자신을 보고
남에게서 듣느니 나 자신에게 듣겠다.

잊어서는 안 되는 친구

交之不合 교지불합
則言之而與不言同 즉언지이여불언동
其交之無間 기교지무간
則雖默然兩相忘言 可也 즉수묵연양상망언 가야

박제가(朴齊家),「백영숙을 기린 골짝으로 보내며(送白永叔基麟峽序)」

사귐에 마음이 맞지 않으면
아무리 말해도 말하지 않은 것과 같다.
친구 사귐에 틈이 없다면
비록 서로가 묵묵히 말을 잊더라도 괜찮은 것이다.

바람보다는 햇볕으로

人有善而揚之 인유선이양지
人不善而掩之 인불선이엄지
人犯我而不較 인범아이불교
人謗我而默默 인방아이묵묵
則犯者自愧 즉범자자괴
謗者自息矣 방자자식의

김충선(金忠善), 「가훈(家訓)」

남이 잘한 것이 있으면 칭찬해주고,
남이 잘못하거든 덮어주라.
남이 나를 해치려 해도 맞서지 말고
남이 나를 비방해도 묵묵히 참으라.
그러면 해치던 자가 스스로 부끄러워하고
비방하던 자는 스스로 그만둘 것이다.

나의 주인은 오직 나뿐

隨處作主 수처작주
立處皆眞 입처개진

선승 임제(臨濟), 『임제록(臨濟錄)』

가는 곳마다 주인이 되라.
서 있는 곳이 모두 참되다.

오우아 필사노트

초판 2쇄 발행 2023년 4월 20일
초판 1쇄 발행 2022년 2월 15일

글 박수밀
발행인 손은진
개발책임 김문주
개발 김민정 정은경
제작 이성재 장병미
디자인 이정숙 주희연

발행처 메가스터디(주)
출판등록 제2015-000159호
주소 서울시 서초구 효령로 304 국제전자센터 24층
전화 1661-5431 팩스 02-6984-6999
홈페이지 http://www.megastudybooks.com
출간제안/원고투고 writer@megastudy.net
ISBN 979-11-297-0833-5 04140

이 책은 메가스터디(주)의 저작권자와의 계약에 따라 발행한 것이므로
무단 전재와 무단 복제를 금지하며, 이 책 내용의 전부 또는 일부를 이용하려면
반드시 저작권자와 메가스터디(주)의 서면 동의를 받아야 합니다.
잘못된 책은 구입하신 곳에서 바꾸어드립니다.

메가스터디BOOKS

'메가스터디북스'는 메가스터디㈜의 출판 전문 브랜드입니다.
유아/초등 학습서, 중고등 수능/내신 참고서는 물론, 지식, 교양, 인문 분야에서 다양한 도서를 출간하고 있습니다.